ThinkCities

도시 공동체 이야기

도시 공동체 이야기

City of
Neighbors

글 안드레아 커티스
그림 케이티 도크릴
옮긴이 권혁정

나무처럼
Namubooks

쿠키를 굽는 사람들,

눈을 치우는 사람들,

우편물을 배달하는 사람들,

구부정하게 앉아 있는 사람들,

토마토를 나누어 주는 사람들,

길에서 생각을 나누는 철학자들,

이 사람들 덕분에 우리 동네가 멋진 곳이 되었어요.

– AC

내가 누리는 도시 생활의 작은 즐거움은 이웃들 덕분에 더 풍요로워졌어요.

그들에게 감사합니다.

– KD

우리는 모두 동네에 살고 있어. 동네는 도시의 아주 중요한 구성 요소 중 하나야. 아파트나 거리, 아이들이 농구하는 공원, 레모네이드를 마시며 쉬는 인도 등이 우리가 세상과 만나고 배우는 공간이야.

그런데 우리는 동네 사람들을 잘 몰라. 언어가 다를 수도 있고, 자동차 경적을 울리며 쌩쌩 달리는 차량 탓에 안전하지 않다고 느낄 수도 있어. 또 사람들이 항상 차를 타고 축구 연습이나 학교, 직장에 바삐 이동하기 때문일 수도 있어. 어쩌면 그들은 이웃과 공통점이 없다고 생각해서 그럴지도 몰라.

그런데 도시 연구 전문가들은 서로를 알고 공유 공간에서 시간을 함께 보내는 동네가 더 안전하고 편안하다고 말해. 이런 동네가 더 푸르고 깨끗하다는 거야. 그러니 이런 동네에 사는 사람들이 더 건강하고 더 행복하지.

그래서 전 세계 사람들은 도시를 활기차고 아름다운 녹색 공간으로 만들고자 창의적인 방법을 생각해 내고 있어. 그들은 이웃끼리 서로 보살피고, 함께 밥 먹고, 예술 작품을 만들며, 때로는 광장에서 베개 싸움을 벌이는 장소로 동네를 바꾸고 있다니까!

그럼, 그들은 어떻게 이 일을 해내고 있을까? 우리는 어떻게 이웃과 함께하는 도시를 만드는 데 도움을 줄 수 있을까?

우리는 주변 모습에 따라 기분이 달라지고, 그곳 사람들과 어울리는 방식에 영향을 크게 받아. 나무가 많고 모여서 놀 안전하고 쉽게 이용할 공공장소가 있다면, 그곳에서 시간을 보내거나 가게에서 쇼핑하며 친구와 더 즐겁게 어울리지.

때로는 작은 방식으로도 건강하고 배려하는 장소를 만들 수 있어. 주차장에서 즉석 댄스 파티나 팝업 농구 코트를 만드는 것처럼. 사람들이 변화가 있다는 걸 눈치채지 못하다가 어느 순간, 골목의 쓰레기가 줄고, 웃는 얼굴이 늘어나고, 벽화가 그려지거나 거리에서 음악이 들린다는 걸 깨닫게 되거든.

이런 변화를 위해서는 공원이나 방치된 땅을 살리려는 노력이 필요할 수도 있고, 때로는 시가 참여해야 하기도 해. 비용이 전혀 안 들거나 예산과 몇 년의 계획이 필요하기도 하지.

사람들이 창의성과 포용성, 즐거움을 가지고 도시 공간을 바꾸는 것을 '장소 만들기(placemaking)'라고 해. 지난 30년 동안 '장소 만들기'는 국제적인 운동으로 성장했어. 이 운동에 참여하는 사람들은 스스로 동네를 가장 잘 이해하고, 어떻게 만들어 나가야 하는지 아주 잘 알고 있다고 믿고 있어.

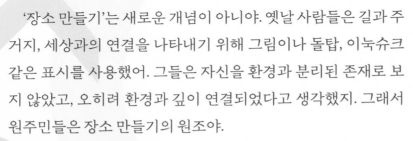

'장소 만들기'는 새로운 개념이 아니야. 옛날 사람들은 길과 주거지, 세상과의 연결을 나타내기 위해 그림이나 돌탑, 이눅슈크 같은 표시를 사용했어. 그들은 자신을 환경과 분리된 존재로 보지 않았고, 오히려 환경과 깊이 연결되었다고 생각했지. 그래서 원주민들은 장소 만들기의 원조야.

도시가 처음 생겼을 때는 모든 것이 걷거나 자전거를 타고 갈 거리에 있었어. 공동체가 곳곳에 있었거든. 그런데 도시가 성장하고 자동차가 생겨나면서 사람들의 생활 방식이 바뀌었어. 주차 공간과 더 넓고 빠른 도로와 고속도로가 중요해졌지. 그러자 도시는 우리가 사는 거대한 기계 취급을 받았어.

1960년대에 제인 제이콥스와 윌리엄 와이트와 같은 도시 연구가들이 이런 현상에 의문을 품었어. 그들은 세계 여러 도시의 동네를 걸어 다니며 관찰했는데, 사람들과 공동체를 우선시하는 곳이 가장 행복하고 건강한 장소라는 결론을 내렸어. 심지어 자동차보다도. 제인 제이콥스는 도시가 마치 살아 있는 생명체처럼 변하고 자랄 수 있다고 해. 우리가 동네를 만들 수 있고, 반대로 동네도 우리를 변하게 할 수 있다는 거지.

세계적 팬데믹 동안 많은 사람이 집에 갇혀 지내며 도시라는 생태계를 전보다 가까이 경험했고, 우리는 매력적이고 편안한 공공장소가 얼마나 중요한지를 깨달았어. 우리의 행복이 이런 공간에 달려 있어!

　그러나 모두 똑같은 방식으로 공공장소를
경험하는 것은 아니야. 인종과 종교, 성별, 능
력, 나이, 경제적 여건 등 다양한 요소가 도
시에서 자유롭게 다니는 방식에 영향을 주
지. 공공장소를 이용하는 데 어려움을 주는
장애물도 있어. 비싼 가격, 경찰 감시, 부족한
조명, 휠체어 경사로 부족 등이야.

　그러니 단단한 공동체를 만들려면, 먼저
서로의 차이를 이해하고 서로의 이야기를
들어야 하지. 서로 음식을 나누어 먹고 서로
가 듣는 음악을 공유하며 이웃에 누가 있는
지 알아가는 거야. 또 우리 주변의 매력적이
고 다양한 도시를 소중하게 생각해야 해.

물론, 때로는 서로 이해하기 어려운 부분이 있을 수 있어. 복잡한 규칙을 적용하고 산더미 같은 서류를 해 오라는 공무원이 있기도 하지. 변화가 두려운 이웃이나 소음과 주차 문제를 걱정하는 사람도 있을 거야.

작은 변화부터 시작하면 새 아이디어에 쉽게 적응할 수 있어. 그리고 인도나 빈 땅, 작은 공원, 아니면 전체 동네를 바꾸고 싶을 때, 우리가 먼저 던져야 할 간단한 질문이 있어. "우리 동네를 더 멋지게 만들려면 함께 할 수 있는 일은 무엇일까?"

평범한 공동체를 설레는 공동체로 바꾸려면 기본적인 것에
서부터 출발하면 돼. 편히 앉을 수 있는 자리부터 말이야. 푹신
한 의자나 빈백 의자, 멕시코시티 중심가에 예술가가 디자인한
공중에 흩어지는 카드 더미 벤치가 그중 하나야.
샌프란시스코 공공 벤치 프로젝트(The Public Bench Project)
는 공공장소에 벤치를 놓고 싶은 사람에게 나무 벤치를 만들어
줘. 그러면 그 사람은 벤치에 하트나 구름을 그려서 장식하고
주변에 정원을 만들어 가꾸기도 해.

이 아이디어는 사람들이 만나서 대화하고 버스를 기다리거나 그냥 경
치를 즐길 기분 좋은 장소를 만드는 거야.
한때는 위험했던 뉴욕시의 브라이언트 공원도 이제는 사람들이
자주 찾는 도심의 광장 역할을 하고 있어. 바로 간단한 초록색 접
이식 의자 덕분이지. 다른 공원 의자는 땅에 고정되어 있는데,
이곳 의자는 쉽게 옮길 수 있어서, 사람들이 공원을 자신만
의 공간으로 만들 수 있었지. 두 개를 합쳐 체스 게임을 하
거나, 여러 개를 모아 즉흥적으로 드럼 서클을 만들지.

조금의 색칠로도 큰 변화를 일으킬 수 있어. 포르투갈 리스본에서는 주민들이 기다란 거리 바닥을 분홍색으로 칠했지. 그 결과 낡고 퀴퀴한 동네가 개성 넘치는 인기 장소로 변했어. 이제는 카페와 식당, 댄스 클럽이 줄지어 생겨서 음악과 웃음소리로 넘쳐나지.

에티오피아의 수도 아디스아바바에서는 인도가 차도랑 붙어 있어서 걷기 불편하고, 자동차가 가까이 지나가서 불안했어. 그런데 한 교차로 인도를 선명한 파란색으로 칠하고, 차도와 인도 경계에 커다란 분홍색 화분들을 놓자, 안전하게 길을 건널 수 있었어. 게다가 물건을 파는 작은 가게들도 생겼지.

미국 포틀랜드 주민들이 교차로에 오렌지색을 칠하고, 노란색 꽃과 커다란 나무들, 심지어 무지개 드래곤까지 그려놓았어. 이런 프로젝트는 차량 속도를 늦추기 위한 목적으로 시작되었지만, 공동체 의식이 가장 큰 보상으로 따라왔어. 물에 지워지는 분필을 이용해서 공공 도로나 인도를 사람들의 놀이공간으로 잠시 바꿀 수도 있어.

예술은 어디서든 마법처럼 변화를 일으킬 수 있어.

브라질 리우데자네이루에서는 일부 빈민촌이 다채로운 색과 모양으로 덧칠되면서 완전히 변했어. '파벨라 페인팅'이라는 이 프로젝트는 동네 사람들이 직접 운영하는데, 특히 젊은이들이 페인팅 기술을 배워 돈을 벌면서 건물을 고치고 복원하는 일을 함께해.

알몸으로 싱가포르의 강으로 뛰어드는 다섯 소년의 청동 조각상도 도시 주민들에게 놀라움과 즐거움을 줘. 조각가 종 파 청(Chong Fah Cheong)이 만든 이 작품은 복잡한 도시 한복판에서도 재미와 놀이의 중요성을 일깨워 주지.

거리 예술도 공동체가 중요한 문제에 대해 목소리를 낼 강력한 방법이야. 미국 미니애폴리스에서 흑인 남성 조지 플로이드가 경찰에 죽은지 몇 시간도 안 되어서 예술가들은 벽과 건물, 보도, 우편함에 조지의 이미지와 인종차별 반대 메시지를 그렸어. 명확히 사람들은 인종차별과 불의에 맞서 함께 서 있었어.

도시 거리 모퉁이를 돌다가 흥겨운 곡을 연주하는 버스킹이나 춤추는 공연을 본 적이 있다면, 음악과 춤이 공공장소에서 얼마나 큰 즐거움인지 잘 알 거야. 어느 아티스트는 한 걸음 더 나아가 영국 버밍엄 곳곳에 누구나 연주하도록 피아노를 두었어. 덕분에 사람들은 거리에서 발끝을 두드리고 엉덩이를 흔들며 흥을 돋웠고, 이 아이디어는 전 세계로 퍼져나갔지.

Mew mews

인도 뭄바이에서 두 엄마가 아이들이 놀기 좋은 장소를 찾던 중에 직접 재미있는 공연을 하기로 했어. 몇 주 동안 연습한 후에 공원에서 온 가족이 함께 노래하고 춤추는 공연을 했어. 그 뒤로 이 그룹은 팝업 콘서트랑 즉석 체험 코너도 가졌고, 관객이 자전거 페달을 밟아 전력을 공급하는 이동형 음악 축제도 열었어.

뉴질랜드 오클랜드에서도 사람들이 모여서 같이 춤추면서 더 가까워지고 있어. 누구나 '팝업 댄스 모임'에 와서 "춤추며 행복해지기"를 목표로 신나게 춤추고 있지.

공공 도서관은 사람들이 사랑하고 자주 찾는 공동체 공간이야. 이것에 영감을 받아서 전 세계 사람들은 앞마당이나 보행로에 작은 상자 모양의 미니 도서관을 세우기 시작했어. 책을 더 쉽게 빌려주고, 동네를 더 친근하게 만들기 위해서지.

이스라엘 텔아비브에서는 예술가들이 공원 한가운데에 '정원 도서관'이라는 야외 도서관을 만들었어. 이 도서관은 난민과 이주민 공동체를 위해 마련된 곳으로, 벽이나 문이 없어. 대신 16개 언어로 된 3,500권의 책이 꽂힌 책장이 두 개 있어! 주말에는 아이와 어른을 위한 춤 공연과 수업이 열려서 다양한 사람이 모이는 활기찬 공간이 되었어.

말레이시아 프탈링자야에 버려진 건물을 개조해 만든 도서관은 사람들을 더 단단하고 하나로 뭉치게 했어. 이 프로젝트를 시작하기 전에 주최측은 사람들에게 필요한 게 뭔지 물어보고, 아이들에게는 점토랑 레고를 이용해서 "이상적인 공간"을 만들어 보라고 했어. 지금 이 도서관은 단순히 책만 빌리는 곳이 아니야. 함께 재활용하고 친구들과 어울리고 정원을 가꾸거나 배드민턴도 칠 수 있는 장소로 변신했어.

어느 몇몇 동네 공원에는 누구나 쓰라고 장난감이나 양동이, 삽 등이 놓여 있어. 애틀랜타의 우드러프 공원에도 비슷한 방식이 있지. 여기에는 체커나 트위스터 같은 보드게임을 빌릴 수 있는 작은 키오스크가 있어. 알록달록한 의자와 카페 테이블도 놓여 있어서, 공원을 찾는 가족과 직장인, 노숙자까지 모두 편하게 이곳에서 머무르지. 공원 직원들은 쉼터나 의료 지원 같은 서비스에 대한 정보도 알려 줘. 덕분에 사람들이 공원을 더 신뢰했고, 공원은 모두에게 더 안전하고 편안한 장소가 되었어.

세계적으로 놀이터는 아이들이 함께 놀이 공간을 만들도록 옮길 수 있는 장비로 재창조되고 있어. 일본 도쿄의 니시로쿠고 공원에는 3천 개가 넘는 재활용 타이어로 그네와 다리, 클라이밍, 거대 고질라 두 마리를 만들었어! 고정되지 않고 자유롭게 놓인 타이어는 콘크리트 언덕에서 미끄럼틀로 이용 돼.

돌멩이 몇 개로도 사람들이 함께하는 놀이를 시작할 수 있어. 이 일을 바로 토론토에서 7살 소년이 해냈어! 꼬마는 해변에 색칠한 돌 4개를 놓고, 사람들에게 자신의 돌을 추가하라는 안내문을 써 놓았어. 며칠 만에 수천 명이 참여해, 메시지와 그림이 그려진 돌뱀이 1킬로미터 넘게 이어졌지.

　스포츠도 장소 만들기에 중요한 역할을 해. 약 10년 전에 케냐 나이로비의 보육원과 학교가 스케이트보드 공원으로 바뀌었어. 주말마다 동네 아이들이 모여 스케이트보드를 타고, 보드와 헬멧, 보호대도 빌려서 핸드레일, 볼, 쿼터 파이프에서 묘기를 연습해. 이곳에서 스케이트를 타는 아이들은 처음으로 공동체의 일원이 된 기분이라고 했어.

　미국 시애틀에서는 산악자전거를 타는 사람들이 주요 고가도로 아래 쓰레기로 덮인 언덕을 자전거 공원으로 바꾸었어. 점프대와 데크길, 급커브 오르막길까지 갖춰져 있지. 한때는 버려진 공간이었던 이 공원은 이제 자원봉사자들이 관리하는데, 누구나 이용할 수 있어.

농구와 야구 같은 스포츠 말고도 사람이 모이는 방법은 다양해. 호주에 있는 청소년 활동 공간인 에스플러네이드 유스 플라자에서 아이들에게 원하는 것을 물었는데, 위시 리스트에 암벽 등반과 스케이트보드, 파쿠르가 있었어. 최근에 이 광장은 이벤트와 창의적 활동, 콘서트가 열리고, 도시 곳곳에서 사람들이 모여들고 있지.

바람에 살랑이는 향기로운 꽃과 풀만 봐도 기분이 좋아져. 그래서 캐나다 몬트리올의 400개가 넘는 골목이 꽃과 덩굴, 나무로 꾸며지면서 그 동네의 중심이 된 것은 당연해. 아이들은 자전거를 타며 놀고 작물을 재배하고 친구와 가족과 시간을 보내지. 루엘레 베르테(푸른 골목길)로 유명한 이곳엔 포장도로 대신 뜨거운 태양을 흡수하는 식물이 있어서 도시를 시원하게 하는 이점도 생겼어.

뉴욕시 사람들은 오래된 고가 철도를 공원으로 바꾸기 시작했어. 그곳에서 예전부터 자라던 풀과 나무, 꽃에서 영감을 받아서였지. '하이라인'이라는 이름의 이 공원은 다양한 토종 식물과 나무가 있고, 멋진 경치를 즐기며 쉴 자리도 많아서 많은 사람이 찾고 있어.

하루나 일주일 정도만 있는 팝업 공원은 콘크리트로 가득한 도심을 쉼터로 만드는 또 다른 방법이야. 상가 주차장에 인조 잔디와 야외용 의자를 펼쳐 놓는 거지. 또 버려진 땅에 풀과 꽃을 심어 작은 공원을 만드는 거야. 이런 예상치 못한 작은 공원들이 생기면서 생물 다양성 증가에도 도움이 되지.

음식은 사람들과 쉽게 친해지게 해 주지. 공동체 텃밭에서 채소를 기르거나, 거리에서 음식을 나누거나, 농산물 시장에서 대화하는 등의 방법으로 말이야. 독일 안데르나흐는 "식량을 기르고 나누는 도시(Edible City)"라고 불리는데, 이곳에는 학교나 옛날 성벽 옆에 공유 텃밭이 있어. 그곳의 표어는 이렇지. "따서 먹어도 괜찮아!"

미국 디트로이트에서는 버려진 땅이나 낡아서 안 쓰는 주차장을 도시 농장으로 바꾸었어. 사람들은 그곳에서 함께 일하고, 잘 익은 과일이나 채소를 함께 나누지.

함께 요리하는 것도 공동체를 만드는 강력한 힘이 될 수 있어. 캐나다 위니펙의 한 공원에는 나무로 불을 때는 화덕에서 갓 구운 빵 냄새가 퍼지면, 동네 사람들이 모여들어. 레드강이 내려다보이는 공원에 있는 모자이크 장식 화덕은 청년들과 가족들을 유혹해 밤의 피자 축제와 동네 축제를 열게 하지.

물이 분수대에서 뿜어져 나오는 소리나 연못에서 졸졸 흐르는 소리는 공공장소에서 시간을 보내는 사람의 마음을 설레게 하지. 캐나다 온타리오의 버시 공원이 새 단장을 했을 때, 사람들은 주철로 만든 개 27마리와 겁먹은 고양이 한 마리가 등장하는 기발한 분수를 보고 홀딱 반했어!

물은 우리를 차분하게 해 주지. 캐나다 핼리팩스에는 해안가를 따라 커다란 주황색 해먹들을 설치해서 동네 사람과 관광객이 짠 내 바람에 흔들리며 쉬게 했어.

터키 이즈미르의 해변은 콘크리트 공업 지역이었고, 사람들이 뜸했어. 그런데 젊은 건축가들이 떠 있는 단순한 미니 부두들을 디자인해서 서로 연결했더니, 상황이 바뀌었지. 이 팝업 부두는 인기를 끌었고, 사람들이 해변에서 일광욕을 하고 낚시를 즐기고 바닷가에 소풍을 하러 모여들었어.

한편, 프랑스 파리에서는 여름마다 센 강변에 모래와 야자수, 비치파라솔을 설치해서 그곳을 열대 낙원으로 만들지! 사람들은 일광욕을 즐기고, 수영을 하고, 카약을 타고, 라이브 음악을 들으며 친구와 이웃과 시간을 보내.

적당한 조명이 인도와 공원, 광장에 있으면 안전하고 포근한 느낌을 주지. 조명은 공공장소를 마법처럼 변신시키기도 해. 미국 뉴올리언스의 광장 위에는 반짝이는 보랏빛 구름 조명이 떠 있고, 앨버타 에드먼턴의 공원에서는 겨울에 모닥불이 활활 타며 장작 타는 냄새를 솔솔 풍기지.

그리스 아테네의 어느 동네에서는 어두운 골목을 밝고 안전하게 하려고 '빛의 천장'을 만들기로 했어. 주민들이 기발한 옛 전등과 전등갓을 기증해, 피타키 거리 위에 매달았어. 그러자 벽에는 벽화가 그려졌고, 새로운 상점과 레스토랑이 문을 열면서 이 쇠락했던 장소는 금세 도시의 명소가 되었지.

누구든지 밖에서 돌아다니다가 갑자기 화장실이 필요했던 경험이 있다면, 공중화장실이 얼마나 중요한지 잘 알 거야. 공중화장실은 꼭 필요한 공동체 서비스일 뿐 아니라, 장소 만들기의 중요한 도구가 될 수 있어. 깨끗한 화장실과 손 씻는 시설이 있으면 사람들이 공용 공간에서 더 오래 머무를 수 있으니까.

가나 아크라의 한 동네에서 방치된 공원을 어린이 놀이 공간으로 바꾸려는 논의를 시작하자, 가장 먼저 해결해야 할 과제가 화장실이었어(당시 인구의 절반 이상이 기본적인 위생 시설을 사용할 수 없었거든). 그래서 물을 적게 사용하는 퇴비화 화장실을 짓고, 그 후에 정원, 공연 공간, 도서관 같은 다양한 시설을 하나씩 추가했어.

그런데 공공장소에 화장실이 있어도 청결이나 사생활에 대한 걱정 때문에 사람들이 잘 이용하지 않는 경우가 있어. 일본 도쿄의 한 건축가는 이를 해결하기 위해 놀라운 아이디어를 떠올렸어. 바로 유리로 된 투명 화장실을 만든 거야! 화장실이 비어 있을 때는 내부가 훤히 보여서 깨끗한지 확인할 수 있고, 문을 잠그면 유리가 불투명해져서 사생활을 보호해 줘. 밤이 되면 이 화장실은 공원을 환하게 밝히는 랜턴처럼 빛나지.

전 세계에서 사람들이 도시 생활에 재미와 놀라움을 더하고 있어. 일상적인 것을 예술로 바꾸고, 그냥 지나치기 쉬운 공간을 여러 세대가 만나는 장소로 변신시키고 있지. 커다란 빈백 의자부터 잠깐 생기는 작은 공원, 알록달록한 벽화나 갓 구운 빵까지, 이웃을 만나고 동네 구석구석을 탐험하며 함께 즐길 방법은 끝도 없이 많아.

그리고 가장 좋은 점은, 너희가 상상하는 동네를 다른 사람이 만들기를 기다리지 않아도 된다는 거야. 우리가 함께 모여서 안전하고 즐거운 누구나 접근할 수 있는 공공 공간을 만들 때, 우리가 할 일이 더 많다는 걸 알게 돼. 우리가 우리 자신과 이웃을 위해 더 나은 공동체를 만들 힘과 가능성이 있다는 걸 깨닫게 되는 거지. 함께하면 모두가 속할 공간을 만들 수 있어.

동네를 바꾸는 공동체에 참여하고 싶니? 친구들이 교차로를 색칠하고 골목에서 식물을 키우고 플래시몹 댄스를 하고 미니 도서관을 만드는 모습을 보며 뭔가를 깨달았니? 너희 아이디어가 크든 작든 상관없어. 한번 시작해 보는 거야.

- 목표부터 정해야 해. 노인들이 편하게 살 동네를 만들까? 아니면 더 아름다운 동네를 만들까? 이것부터 정하자.
- 고치고 싶은 장소에 가서 시간을 보내 봐. 탐정이 되어 그 공간을 어떻게 사용할 건지 생각해 보고, 체크 리스트를 만드는 거야.
  - 그곳은 안전하고 밝은가?
  - 그 공간은 어떻게, 누가 사용하고 있는가?
  - 사람들이 함께 모여 있나, 아니면 혼자 있나?
  - 그곳에 모인 사람들이 공동체 특성을 보여 주고 있는가?
  - 목표로 가는데 극복할 물리적 장벽(예: 계단, 의자 부족, 도로 접근성 등)이 있는가?
  - 그곳에 필요한 시설(예: 식수, 전기 콘센트, 그늘 구조물)이 마련되어 있는가?
- 친구와 이웃을 모아서 너희 아이디어를 주제로 토론해 봐. 모두가 자기 생각을 말할 수 있도록 하고, 함께 먹을 음식을 가져가면 회의가 훨씬 즐거워질 거야!
- 좋은 장소는 여러 활동을 할 수 있고, 머물고 싶은 이유로 가득해. 여러 사람이 참여할 수 있는 다양한 활동을 그곳에서 할 수 있는지 고민해 봐.

lace!

- 목표를 이루는 데 방해 요소를 생각해 봐.
  이웃의 서명을 받으려면 청원서를 써야 할까?
  정치인이나 가게 주인에게 이야기해야 할까?
  기금을 모아야 할까? 근처 가게가 도와줄 수 있을까?
- 동네 사람들에게 무엇을, 언제, 왜 할지를 알려 줘.
  그들에게 질문이나 우려 사항에 대해 말할 시간을 줘.
- 포기하지 마. 결과만 중요한 것이 아니야.
  함께하는 과정도 즐거움의 일부야.
- 작게 시작해도 꿈은 크게 꿔 봐! 여러 가지 시도를 해 보고,
  너희가 한 변화가 오래갈 방법을 상상해 봐.
  이 시도가 다른 공동체 활동으로 이어질 수 있을까?
- 잘된 점과 잘 안된 점을 기록해 둬.
  다음번에는 어떻게 더 잘할 수 있을지,
  혹은 다음 프로젝트가 잘 진행되도록 어떤 점을 배웠는지
  생각해 봐.
- 성공한 부분을 기뻐하며 함께 축하해!

감사의 글

언제나 아낌없는 도움과 창의적인 제안을 하고, 현명한 조언을 해준
도시 설계자이자 도시 재생 전문가인 켄 그린버그에게 감사합니다.
이 책에 삽화를 그린 케이티 도크릴 역시 고맙습니다.
그리고 언제나 그렇듯이, 그라운드우드 북스 출판사의
뛰어난 팀원에게도 깊은 감사를 전합니다.
모두 고맙습니다.

도시 속 걷는 즐거움,
철도에서 숲길로, 경의선의 변신

경의선숲길은 서울에서 중요한 장소 만들기 사례 중 하나야.

과거 폐철도였던 경의선 철로를 재활용하여 멋진 공원이 탄생되었지.

이 숲길은 본래 1914년부터 사용된 철도였고, 한때 산업화의 상징이었으나,

2000년대 초반에 철도의 생명을 잃었어.

그 후 서울시는 이곳을 사람들이 쉽게 접근할 공공공간으로 만드는 작업을 시작했어.

철길을 따라 나무와 꽃을 심고, 보행자와 자전거 이용자를 위한 다양한 시설을 설치하여

사람들이 자연과 함께 활동할 수 있는 공간으로 탈바꿈시켰지.

경의선숲길을 따라서 걷다 보면, 서울 도심에서 자연을 느끼며 크나큰 위안을 얻어.

숲길은 단순히 산책로만 있는 것이 아니라, 공동체 행사, 시장, 다양한 공연이 열리고,

사람들이 자발적으로 참여하는 프로그램도 많지.

경의선숲길을 중심으로 주변에 많은 변화가 일어났어.

특히 연남동을 비롯한 마포구 일대는 숲길 조성 이후로 카페와 레스토랑,

작은 상점들이 들어서며 젊은 층과 관광객이 많이 찾는 명소로 자리잡았지.

또한 숲길 주변의 골목 상권도 활성화되어, 경제적 효과도 거두었어.

경의선숲길은 단순히 자연공간을 넘어서 서울시민의 문화적·사회적 소통 공간이 되어,

사람들의 생활에 즐거움과 위안을 주는 공간으로 변했어!

옮긴이•권혁정

영어영문학을 전공했고, 지금은 출판 일을 하며 틈틈이 번역 일을 즐기고 있어요.
한동안 운전을 즐겼으나, 반성하고 뚜벅이 생활을 즐긴 지 오래 되었어요.
언젠가 녹색 거리, 차 없는 거리, 에코 도시에 살날이 오기를 꿈꾸면서요.
옮긴 책으로는『헤티, 월스트리트의 마녀』『레이첼 카슨』『오프라 윈프리』『제인구달』
『헨리 데이비드 소로』『우주전쟁』『어느 날 갑자기 생긴 일』『브레드위너』4부작
『벌이 되고 싶은 걸』『국회의원 살인사건』『미카엘라의 걱정 노트』
『도시 숲 이야기』『도시 물 이야기』『도시 거리 이야기』『그 소년의 이름은 퀸』외 다수가
있어요.

도시 공동체 이야기

첫판 1쇄 발행 2024년 12월 12일
글 안드레아 커티스
그림 케이티 도크릴 | **옮긴이** 권혁정
디자인(본문, 표지) 김혜림 | **교정** 조미경
발행인 권혁정 | **펴낸곳** 나무처럼
주소 고양시 일산동구 강촌로26번길 49, 3층
전화 031) 903-7220 | **팩스** 031) 903-7230
E-mail nspub@naver.com
ISBN 978-89-92877-67-1(74300)
      978-89-92877-60-2(세트)

제조국 대한민국 사용연령 8세 이상
제조년월 2024년 12월
종이에 베이거나 긁히지 않게 조심하세요.

* 책값은 뒤표지에 있습니다.
ⓒ 나무처럼 2024 NamuBooks